Aphorismen

Ausgedrückte
Eindrücke

Ernst Ferstl

Herstellung und Verlag:
        BoD - Books on Demand
        Norderstedt
        ISBN 978-3-7357-8511-4

Copyright Aphorismen:
        Ernst Ferstl
         www.gedanken.at

Cover & Satz:
        Monika Schweitzer
        www.grafikdesignbykiss.com

Der Kopf denkt.
Das Herz denkt anders.

Das Gleichgewicht
ist im Leben wichtiger
als das Über- oder Untergewicht.

Manchmal ist es
die Blindheit anderer,
die uns die Augen öffnet.

Liebenswerten Menschen
liegt die Herzlichkeit im Blut.

Das kleine Glück
ist ein großartiges Stärkungsmittel
für unsere Lebensfreude.

Gerade dort,
wo sie nichts verloren haben,
finden manche Leute
großen Gefallen am Suchen.

Enttäuschungen machen musikalisch:
Jeder kann ein Lied davon singen.

Um sich den Mund nicht zu verbrennen,
macht es manchmal durchaus Sinn,
sich ein Blatt vor den Mund zu nehmen.

Ein Höhenflug kann
in alle Richtungen gehen.

Die Gedanken mancher Leute
kann man nur verstehen,
wenn man unlogisch denken kann.

Manches wird erst gut,
wenn wir besser damit
umgehen können.

Komisch:
Die Ausreden anderer
kommen uns irgendwie
bekannt vor.

Zu unserem Glück gibt es
in der Wüste des Lebens
auch einige Oasen.

Würde die Dummheit Flügel verleihen,
wären manche rund um die Uhr
in der Luft.

Die Aufgabe, etwas nicht zu tun,
ist manchmal ganz schön schwer.

Einem Ziel kann man
auch durch Umwege
näher kommen.

Manches wird erst kompliziert,
wenn man es möglichst einfach
erklären will.

Eine Prise Humor
ist wie eine kühle Brise
an einem heißen Tag.

Mit jenen,
die uns immer zustimmen,
stimmt irgendetwas nicht.

Manche Leute kann man
allein schon deshalb nicht gut riechen,
weil sie uns immer wieder etwas
unter die Nase reiben wollen.

Von den Dummheiten anderer
auf seine eigene Gescheitheit zu schließen,
ergibt meistens einen Kurzschluss.

Manchmal muss man
die Lebensfreude kitzeln,
damit sie einen anlacht.

Gerade Menschen mit einem
großen Mangel an Einfühlungsvermögen
gehen zeitweise
ziemlich verschwenderisch damit um.

Die Schadenfreude ist bei manchen Leuten
eine beliebte Form von Anteilnahme.

Wenn man merkt,
dass man die Geduld verliert,
ist es besonders wichtig,
wenigstens die Nerven zu behalten.

Eine Stärke humorvoller Menschen ist,
dass sie mit ihren Schwächen besser
umgehen können.

Aufgeweckte Menschen
können ihre Träume
leichter verwirklichen.

Die Großzügigkeit mancher Leute
beschränkt sich ausschließlich
aufs Nehmen.

Wenn sich die Lebenslust
kalte Füße holt, reagiert
die Lebensfreude verschnupft.

Manchmal ist es besser,
eine Sache auf Eis zu legen,
als dabei heißzulaufen.

Denen, die sich nichts
aus uns machen, darf man das
ruhig nachmachen.

Anständige Menschen
stehen heutzutage
schneller und öfter an
als die anderen.

Es ist ein großes Geschenk,
angenommen zu werden,
wie man ist.

Arbeitsersparnis:
Wenn jemand in der Luft hängt,
braucht man ihn nicht mehr
fallen zu lassen.

Das eigene Leben wird nicht leichter,
wenn man es den anderen so schwer
wie irgendwie möglich macht.

Manchmal kann auch etwas,
das wir uns wünschen
und nicht bekommen,
zu einem Geschenk werden.

Die Gefahr, eine Dummheit zu machen,
ist umso größer, je gescheiter man sich
vorkommt.

Liebgewonnene Gewohnheiten
sind überaus treue Begleiter.

Auf bessere Zeiten sollte man
nur dann warten, wenn man gerade
nichts Besseres zu tun hat.

Wer sich an alles erinnern kann,
muss viel vergessen haben.

Wer in seinem Leben
viel einstecken muss,
sollte nicht vergessen,
von Zeit zu Zeit auszupacken.

Das schlechte Gewissen
hat ein phänomenal gutes Gedächtnis.

Lebenslust
ist die Schokoladenseite
der Lebensfreude.

Was nicht in Frage kommt,
ist bereits beantwortet.

Durch Verschenken
kann man sich nicht bereichern,
wohl aber reich werden.

Was auf der Hand liegt,
lässt sich nicht mehr so leicht
unter den Teppich kehren.

Zufriedenheit und Dankbarkeit
beschenken einander
gegenseitig.

Ans Herz wachsen kann uns nur,
was uns zu Herzen geht.

Mit Halbwahrheiten
wird heutzutage
viel gelogen.

Ein glücklicher Zufall
ist immer nur eine Zutat.

Lebensfrohe Menschen wissen,
wie man Sorgen entsorgt.

In der Schule des Lebens
kann man auch durch Scheitern
gescheiter werden.

Der eigene Weg führt
an den Zielen anderer vorbei.

Den eigenen Weg findet man
manchmal erst, wenn man
aus der Bahn geworfen wurde.

Man kann andere
nicht auf Trab bringen,
indem man sie zur Schnecke macht.

Hochnäsige Zeitgenossen
haben eine Vorliebe
für hochtrabende Worte.

Manche Menschen verbringen
den Großteil ihres Lebens
auf der Karriereleiter.

Wer weiß, wo es langgeht,
kommt nur selten zu kurz.

Wir können Mitmenschen
nur dann für uns gewinnen,
wenn wir ihnen Beachtung schenken.

Einfühlungsvermögen
macht das Leben reicher.

Bei Leuten,
die man nicht riechen kann,
vergeht einem meistens
auch das Hören und Sehen.

Glück ist oft nur
eine Frage der Wahrnehmung.

Berechnende Zeitgenossen
halten ihr Herz oft jahrelang
wegen Inventur geschlossen.

Wir brauchen keine Angst zu haben,
vom eigenen Weg abzukommen.
Das geht gar nicht!

Gewisse Leute sieht man
am liebsten aus einer
gewissen Entfernung.

Das kurze Glück hat oft
eine lange Vorgeschichte.

Umwege sind nie umsonst -
sie schenken uns neue Aussichten
und Einsichten.

Was uns etwas wert ist,
kommt uns selten zu teuer.

Könnte man das Einfühlungsvermögen
mancher Leute bewerten, würde es
höchstens zu einem Armutszeugnis
reichen.

Aufrichtigkeit verdient immer
Anerkennung.

Vorurteile
sind gedankliche Fertigprodukte.

Gut zu wissen:
Besserwisser wissen es
einfach nicht besser.

Berechnende Menschen
sind nicht umsonst so.

Wer die kleinen Alltagsfreuden
genießen kann, ist der Unzufriedenheit
ein großes Stück voraus.

Neue Zeitgeistkrankheit:
Gedankenmagersucht.

Was man nicht verzeihen kann,
kann man auch nicht vergessen.

Manche wollen um jeden Preis
soviel wie nur möglich
geschenkt haben.

Auch wenn man
das Leben gut meistert,
muss man gelegentlich
Lehrgeld zahlen.

Vor sich selbst wegzulaufen,
das ist kein Ziel führender Weg.

Dass man durch Schaden klug wird,
gilt nur für jene,
die keinen Dachschaden haben.

Wenn immer nur einer den Ton angibt,
ist es nur eine Frage der Zeit,
bis die anderen drauf pfeifen.

Ein höheres Denkniveau verschafft
einen besseren Weitblick.

Hat man Sinn für Humor,
hat man sogar mit dem Unsinn
Spaß.

Wer über seine Verhältnisse lebt,
kommt leichter unter die Räder.

Wenn man in sich geht,
bevor man aus sich herausgeht,
kommt mehr heraus.

Wer sich selbst
nicht über den Weg traut,
ist kein guter Brückenbauer.

Wer zu lange überlegt,
kommt in Gefahr
zu unterliegen.

Manchmal muss man anderen
etwas an der Kopf werfen,
um sein Gesicht nicht zu verlieren.

Die Lücken im Nichtwissen
sind bei manchen Leuten
sehr sehr klein.

Wer weiß, was ihm Halt gibt,
hat mehr Durchhaltevermögen.

Überfluss macht
höchstens ganz kurz
überglücklich.

Menschen,
die uns nicht liegen,
lassen wir gerne
stehen oder sitzen.

Manchmal lässt es sich
nicht verhindern,
dass man sich selber im Weg steht.

Die vor Ärger in die Luft gehen,
wissen nie, wo sie landen.

Jedes Vorurteil hat
eine Vorgeschichte.

Menschen,
von denen wir den Eindruck haben,
dass sie nicht richtig ticken,
gehen uns schnell auf den Wecker.

Nur aus Fehlern,
die man zugibt,
kann man etwas lernen.

Was in einem steckt,
kommt manchmal erst zum Vorschein,
wenn man über sich hinauswächst.

Hat man viel um die Ohren,
fällt das Zuhören schwer.

Begeisterung
verdoppelt die Kräfte
und halbiert alle Bedenken.

In einer Überflussgesellschaft
ist die Doppelmoral
etwas ganz Normales.

Kann man mit einem
Problem nicht umgehen,
ist es vielleicht besser,
es zu umgehen.

Manchmal geht uns erst ein Licht auf,
wenn die die dunkle Seite des Lebens
erblicken.

Manche Leute unterschätzen
ihre Unwichtigkeit.

Zufriedenheit ist ein Luxus,
den wir uns wenigstens in
glücklichen Zeiten leisten sollten.

Wer sein Leben genießen kann,
braucht keine Suchtmittel.

An schweren Gegnern zu scheitern
ist meistens lehrreicher als ein
Sieg über leichte Gegner.

Zu unserem Glück
können wir unser Glück
auch dort finden,
wo wir es gar nicht suchen.

Von Menschen, die wir mögen,
lassen wir uns leichter überzeugen.

Die Quelle der Zufriedenheit
entspringt der Dankbarkeit.

Vorsichtige Menschen sind
im Rücksichtnehmen besser.

Der Verkehrsklub der inneren
Schweinehunde hat eine
Reisewarnung herausgegeben:
Wer in sich geht, muss mit
Baustellen, Umleitungen
und Staus rechnen.

Gegen den Strom schwimmen
muss man, bevor einem das Wasser
abgegraben wird.

Es ist oft schwer zu sagen,
wann der richtige Moment
zum Schweigen ist.

Sind wir weg vom Fenster,
verschlechtern sich unsere Aussichten
zusehends.

Man glaubt gar nicht,
was manche Menschen alles tun,
um ja keine Zeit für sich zu haben.

Auch wer nicht mitspielt,
kann verlieren.

Die Halbwahrheit ist
eine Sonderform der Lüge.

Wir wissen im Laufe unseres Lebens
immer genauer, was wir
nicht wissen wollen.

Egoisten sind uninteressant,
weil sie sich nur für sich selber
interessieren.

Natürlich kann man sein Leben
mit Arbeit ausfüllen,
aber es bleibt dann kein Platz mehr
für ein erfülltes Leben.

Das Glück spricht
die Sprache der Freude.

Wer immer mit der Zeit gehen will,
muss jede Woche
ein Sechstagerennen bestreiten.

Einfühlungsvermögen
ist etwas Kostbares.

Die Schwachstelle vieler Menschen ist,
dass sie keine Schwächen zeigen wollen.

Die Schönheit
ist nicht nur zum Anschauen da.

Was uns stark beeindruckt,
hinterlässt tiefe Spuren.

Um manche Träume
verstehen zu können,
braucht man viel Fantasie.

Ein Umweg ist durchaus
ein Ziel führender Weg,
Neuland zu entdecken.

Wer etwas ausbaden muss,
sitzt schnell auf dem Trockenen.

Hat man sich etwas in den Kopf gesetzt,
hat man bereits ein Ziel vor Augen.

Der Weg des geringsten Widerstands
ist äußerst kurvenreich.

Viele Veränderungen
in unserem Leben beginnen,
bevor wir es merken.

Die Zukunft ist die Heimat
unserer Hoffnungen.

Gegenseitiges Vertrauen macht
ein gegenseitiges Verstehen
leichter.

Vorurteile
machen uns etwas vor.

Manche Menschen
haben so ein dickes Fell,
dass ihnen nichts mehr
unter die Haut geht.

Selbstverwirklichung
gelingt leichter,
wenn uns andere dabei helfen.

Die Aufgabe der Vordenker
liegt auch darin,
nachdenklich zu machen.

Vorfreude ist ein Vorgeschmack
auf das Glück.

Die erste Spur auf der Verliererstrecke
ist die Schleimspur.

Der gesunde Menschenverstand
befindet sich bei manchen Leuten
sehr oft im Krankenstand.

Dass wir schon bessere Tage
gesehen haben,
darf uns nicht davon abhalten,
aus jedem Tag das Beste zu machen.

Auch an ein kurzes Glück
kann man sich lange erinnern.

Eine schöne Form der Lebensfreude
ist die gute Laune.

Verliert man sein Herz,
weiß man wenigstens,
wo man es findet.

Manchmal geht es erst wieder vorwärts,
wenn man den Rückwärtsgang
eingeschaltet hat.

Je näher man einander kommt,
desto mehr Berührungspunkte
ergeben sich.

Manchmal bekommt man sein Leben
nur dann in den Griff,
wenn man loslassen kann.

Für Pessimisten ist Glück
ein unhaltbarer Zustand.

Aus der Macht der Gewohnheit
wird mit der Zeit eine Übermacht.

Wer sich zu oft gehen lässt,
darf sich nicht wundern,
oft übergangen zu werden.

In Zeiten, in denen eine Hand
die andere wäscht, hat man
alle Hände voll zu tun.

Wir kennen unsere Lebenslügen,
aber wir wollen sie einfach
nicht wahrhaben.

Den Ton angeben
macht nur Sinn,
wenn man Gehör findet.

Pessimisten
belehren uns gern
eines Schlechteren.

Der Heiligenschein mancher Leute
ist nichts anderes
als eine Notbeleuchtung.

Der Hunger nach Erfolgen
macht tatendurstig.

Manchmal sind unsere Gedanken
besser aufgehoben, wenn wir sie
nicht aussprechen.

Von der Zukunft
versprechen wir uns
immer viel zu viel.

Vorurteile
sind Anmaßungen.

Angst davor zu haben
eine Dummheit zu machen,
das ist auch nicht gescheit.

Es ist die Vielfalt,
die die Buntheit des Lebens ausmacht.

Träume
sind Nistplätze der Zukunft.

Was man sehnsüchtig erwartet,
lässt gerne auf sich warten.

Ein weicher Kern
verliert seine Anziehungskraft,
wenn die harte Schale
abstoßend wirkt.

Es ist durchaus verständlich,
dass jeder Mensch etwas anders
für selbstverständlich hält.

Komisch:
Gerade wer zuviel Zeit hat,
kommt leicht in Versuchung,
anderen ihre Zeit zu stehlen.

Das Schönste an manchen Zielen
ist der Weg dorthin.

Wo es in erster Linie ums Geld geht,
pfeift die Menschlichkeit meistens
aus dem letzten Loch.

In einer Spaßgesellschaft
wird der Humor nicht
ernst genommen.

Das Denkvermögen mancher Leute
reicht gerade noch dazu,
an sich selbst zu denken.

Früher war alles besser!
Stimmt! Vor allem die Zukunft!

Auch unsere Geduld
hat einen Schmelz-
und einen Siedepunkt.

Gefallsucht
verführt zum Lügen.

Verliert in einer Beziehung
die Liebe an Anziehungskraft,
verstärken sich die Fliehkräfte.

Für unseren Planeten
sind alle Erdenbürger
Eingeborene.

Dankbarkeit vertreibt
die Unzufriedenheit.

Herzensgute Menschen haben
viel zu schnell und viel zu oft
ein schlechtes Gewissen.

Viele, die mit den Wölfen heulen,
entpuppen sich bei genauerem Hinsehen
als Schafsköpfe.

Die Versorgung mit Sorgen
klappt meistens bestens,
Sorgen macht nur die Entsorgung.

Unsere eigene Meinung
bilden wir uns meistens aus dem,
was wir zu wissen glauben.

Wenn man manchen Leuten zuhört,
verschlägt es einem die Sprache.

Schlechte Verlierer erkennt
man auch daran, dass sie behaupten,
sie hätten gar nicht gewinnen wollen.

Manches bekommt man
nur in den Griff,
wenn man die Finger davon lässt.

Bei genauerem Wegschauen
sieht man oft sehr deutlich,
dass alles halb so schlimm ist.

Besserwisser wollen uns
immer dort abholen,
wo sie stehen.

Irrwege
sind nur vorübergehend nützlich.

Wenn wir in unserem Leben
zurückschauen, sehen wir auch,
dass wir einiges übersehen haben.

Ungeduld verkürzt die Lieferzeit
für neue Probleme
ganz beträchtlich.

Sympathische Zeitgenossen machen
die gleichen Fehler wie wir.

Der kleine Unterschied:
Optimisten wandern von Oase zu Oase,
Pessimisten von Wüste zu Wüste.

Unter geistigen Zwergen
ist der Größenwahnsinn
weit verbreitet.

Bei manchen Leuten
braucht man gar nicht weit zu gehen,
um in ihren Augen zu weit zu gehen.

Für Gedankenflüge
reichen auch erdachte Flügel.

Alte Gewohnheiten lassen Neues
alt aussehen.

Die Heimat hat ein Leben lang
Heimvorteil.

Hoffnungsträger
haben in schwierigen Zeiten
schwer zu tragen.

Pessimisten haben es besser:
Sie können auch schlechten Nachrichten
Gutes abgewinnen.

Nicht jede Treue
bedeutet etwas Gutes.

Niederlagen
machen bodenständig.

Manchmal ist es für uns besser,
dass uns ein Traum bleibt,
als dass wir ihn verwirklichen.

Nachdenken macht sicherer,
aber sicher nicht glücklicher.

Zielstrebigkeit
ebnet den Weg zum Erfolg.

Der Weg zur Selbsterkenntnis
ist meistens viel länger
als wir glauben.

Vorfreude ist alles andere
als eine Zeitverschwendung.

Glückliche Stunden
sind die hohen Feiertage
im Kalender des Lebens.

Heimatgefühle
haben tief reichende Wurzeln.

Lebenslust ist Kraftnahrung
für unsere Lebensfreude.

Charakterstärke heißt auch,
dass man mit den menschlichen
Schwächen gut umgehen kann.

Mittelmäßige Menschen
können in punkto Anpassung
Höchstleistungen vollbringen.

Das Vergnügen hat
ein viel kürzere Haltbarkeitsdauer
als die Freude.

Manchmal ist es durchaus
verständlich, dass
uns manche gar nicht
verstehen wollen.

Was soll ein neuer Tag bringen,
der einem schon beim Aufwachen
auf den Wecker geht?

Für gewonnenes Vertrauen
gibt es kein Haltbarkeitsdatum.

Wir wissen immer mehr -
und wissen immer weniger
damit anzufangen.

Staunen
ist eine Liebeserklärung
an die Schöpfung.

Wer allem aus dem Weg geht,
wird nie zum eigenen Weg finden.

Wer hoch hinaus will,
braucht starke Wurzeln.

Ich mag Menschen,
die mir zu denken geben,
auch weil ich durch sie
auf andere Gedanken komme.

Wenn uns das Herz
etwas sagen will,
redet der Verstand
gerne dazwischen.

Wir Menschen sind nicht gleich,
wir gleichen einander nur.

Die Klugheit klopft ans Fenster,
die Dummheit fällt
mit der Tür ins Haus.

Unglückliche überschätzen
den Wert des Glücks.

Was keiner hören will,
kann man gar nicht oft genug
sagen.

Träume
machen uns etwas vor.

Wer mehr haben muss
als andere, dem fehlt
immer irgendetwas.

Wenn in uns viel Gutes steckt,
können wir leichter
das Beste aus uns herausholen.

Besondere Augenblicke
sind immer etwas Einmaliges.

Was die Liebe zusätzlich aufwertet:
Sie wertet nicht!

Manche Menschen haben das Pech,
dass sie mehr Glück haben
als sie vertragen.

Manchmal
sagt ein kurzes Schweigen
bereits alles.

Auch Gefühle
haben eine Blütezeit.

Wer nach Anpassung sucht,
findet sich sehr schnell
im Mittelmaß wieder.

Geburtstage erinnern uns auch
an unsere Zukunft.

Die meisten Menschen
kennen sich auswendig
besser als inwendig.

Die sich untereinander
nicht verstehen,
ziehen gern übereinander her.

Echte Freunde sind gelegentlich
echt unbequem.

Dürfen
ist eine Form von Freiheit.

Auch Brücken
von Mensch zu Mensch
müssen länger sein
als der Abgrund breit.

Wer viel Humor hat,
hat auch viel Spaß mit sich.

Nahe Liegendes
wird oft übergangen.

Wer weiß, was er will,
weiß sich besser zu helfen.

Wer sein Herz ausschütten will,
sollte sich beizeiten
nach einem sicheren Endlager
umsehen.

Das Haus der Zuversicht
hat viele Fenster.

Liebgewonnene Gewohnheiten
neigen zu Übergewicht.

Wer einen Menschen anhimmelt,
muss auch damit rechnen,
eines Tages aus
allen Wolken zu fallen.

Im Garten der Wünsche
geht nicht alles auf.

Wer sich zu wichtig nimmt,
wird von den anderen
meistens nicht ernst genommen.

Suchst du einen guten Ratgeber
in Sachen Liebe?
Dann frage dein Herz.

Das Alleinsein allein
ist noch kein Unglück.

Gegenseitiges Vertrauen
ist ein gutes Fundament
für eine harmonischen Beziehung.

Jedes Festhalten-Wollen
vertreibt das Glück.

Auf dem Weg des
geringsten Widerstands
wimmelt es nur so
von Umleitungen.

Auch das Können
will gekonnt sein.

Im alltäglichen Leben
ist oft gerade der gerade Weg
der längere.

Die Aussicht auf Glücksmomente
verstärkt die Vorfreude.

Auch was uns aufhält,
kann uns weiterbringen.

Dass Menschen mit einem Hirn aus Stroh
keinen Funken Verstand haben,
ist eine kluge Vorsichtsmaßnahme.

Gefühle haben
eine eigene Zeitrechnung.

Die alles nachsagen,
wollen sich das Nachdenken
ersparen.

Zum Lieben-Lernen gehören
auch viele Expeditionen
ins Reich unserer Sinne.

Auch jenen,
die uns zu denken geben,
verdanken wir etwas.

Vieles können wir nicht,
weil wir nicht versucht haben,
ob wir es können.

Was man gemeinsam
durchsteht,
verbindet für lange Zeit.

Zufriedenheit können sich
nur dankbare Menschen leisten.

Erst die Zeit zeigt uns,
was Bestand hat.

Manches wird erst besser,
wenn wir uns nicht mehr
zu gut dafür sind,
mehr dafür zu tun.

Wenn die Liebe nicht weiter
weiß, ist die Weisheit des
Herzens gefragt.

Wer nicht gelegentlich
in sich geht,
dem entgeht Wesentliches.

Wer nicht nein sagen kann,
bejaht chaotische Zustände.

Manchmal gibt uns das Ungesagte
mehr zu denken als das Gesagte.

Lebenswegrhythmus:
bergauf und bergab.

Wer zart besaitet ist,
will meistens gar nicht
die erste Geige spielen.

Glück ist,
was uns auch ohne Musik
tanzen lässt.

Je mehr wir untereinander reden,
desto mehr erfahren wir
übereinander.

Verscherzen wir es uns nicht
mit unserem Humor: Er will
ernst genommen werden!

Schwierig: Dass man sich
in Ruhe lassen kann,
wenn man Ruhe braucht.

Eine positive Einstellung
zu einem Vorhaben
verbessert unsere Aussichten.

Lebenskünstler sind Paradiesvögel,
die ohne Paradies
auskommen müssen.

Das Leben ist gerecht:
Gerade berechnende Menschen
verrechnen sich immer wieder.

Auch die Wahrheit ist leider
nicht fälschungssicher.

Zwischen dem Glück
und dem Unglück
liegt das Selbstverständliche.

Die Summe dessen,
was wir in unserem Leben versäumen,
ist und bleibt eine Dunkelziffer.

Ist man auf den Hund gekommen,
ist es zu spät, die Katze
aus dem Sack zu lassen.

Dass wir der Mittelpunkt
unserer Welt sind,
heißt noch nicht, dass sich
alles um uns zu drehen hat.

Wer weit kommen will,
muss aus sich herausgehen
und über sich hinauswachsen
können.

Toleranz
ist ein ganz wichtiger
Friedensstifter.

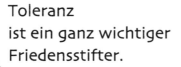

Unser Verstand
ist manchmal dümmer
als wir denken.

Man kann seine Stärken
besser einschätzen,
wenn man seine Schwächen
gut kennt.

Liebe ist ...
zusammen wachsen
und zusammenwachsen.

Manchmal muss man
von hinten herum denken,
um einem Vorurteil
auf die Schliche zu kommen.

Man kann sein Leben auch vergeigen,
indem man zu oft auf die Pauke haut.

Was kann Gott dafür,
dass wir ihn nicht finden?
Er ist schließlich überall!

Bei humorlosen Menschen
kann schwarzer Humor
helles Entsetzen auslösen.

Das Fenster zur Welt
sollte nicht zu klein
und nicht zu groß sein.

Gegen den Strom zu schwimmen
sollte so natürlich sein
wie Gegenwind.

Wie reißt man eine Mauer nieder,
die man im Kopf hat?

Wenn in einer Beziehung
der rote Faden verloren geht,
wird aus einer Verbindung
eine Verstrickung.

Der glückliche Zufall
kommt nur sehr selten
wie gerufen.

Die reden, wie ihnen der
Schnabel gewachsen ist,
haben wahrscheinlich
einen Vogel.

Hängt der Himmel voller Geigen,
tanzt man auch ohne Musik.

Schlechte Erfahrungen
sind manchmal gute Lehrer.

Es ist fraglich,
ob es Sinn macht,
sich selber in Frage zu stellen.

Jedes Glück hat seinen Schatten -
die Vergänglichkeit.

Menschen, auf die man
immer zählen kann,
sind einfach unbezahlbar.

Nachdenken schützt nicht
vor Vorurteilen.

Wo Gewalt im Spiel ist,
gibt es auf Dauer
nur Verlierer.

Das Nicht-Alltägliche macht
jeden Tag noch wertvoller.

Wo uns alle Wege offen stehen,
ist eine Umkehr
nicht Ziel führend.

Ohne Zärtlichkeit
kann sich die Zuneigung
nicht entfalten.

Durch die Brille der Zuversicht
sieht das Leben gleich
freundlicher aus.

An manchen Tagen
gibt es zu allem Überfluss
auch noch einen Mangel
an Erfolgserlebnissen.

Gelassenheit wirkt
Kräfte sparend.

In jedem Entschluss
steckt eine Bejahung
und seine Verneinung.

Vorteile und Nachteile
sind Teile des Ganzen.

Ein Nein
lässt sich leichter zurücknehmen
als ein Ja.

Was logisch ist,
muss nicht richtig sein.

Die Macht der Gewohnheit
macht sicher.

Gerade was uns
nicht in den Kopf geht,
gibt uns lange zu denken.

In einer guten Liebesbeziehung
sollte gegenseitiges Vertrauen
wie die Luft sein -
und nicht wie ein Luftballon.

Die Dummheit hat gut lachen,
sie weiß um ihre unerschöpflich
großen Reserven.

Zu viele Oasen ruinieren
den Ruf einer Wüste.

Wer bewusst das kleinere Übel wählt,
gibt dem größeren Übel mehr Macht.

Vorsicht: Auch Menschen,
die hinter uns stehen,
können uns im Weg stehen.

Das Gewissen mancher Leute
hätte dringend ein Hörgerät
nötig.

Manchmal kann einem
die eigene Unzufriedenheit
ziemlich auf die Nerven gehen.

Bei manchen Menschen klingelt es erst,
wenn wir ihnen eine Zeit lang
auf den Wecker gehen.

Manchen Zeitgenossen
steht es ins Gesicht geschrieben,
dass sie Maskenträger sind.

Manchen Leuten sollte man lieber
keine Steine in den Weg legen -
sie kommen postwendend
als Wurfgeschoße zurück.

Maßvoll zu sein
ist etwas ganz anderes
als Mittelmäßigkeit.

Was bereits in aller Munde ist,
braucht man nicht mehr
an die große Glocke hängen.

Was im Leben zählt,
lässt sich nicht
ausrechnen.

Manchmal kann man sich
viel Lehrgeld sparen,
wenn man früh genug
Fersengeld gibt.

Wer nicht gelegentlich in sich geht,
läuft Gefahr, sich zu verlaufen.

Für einen Sprung
über den eigenen Schatten
liegt die Latte manchmal
sehr sehr hoch.

Normalerweise
unterschätzen wir
den Nutzen unserer Niederlagen.

Die immer alles wissen,
haben oft keine Ahnung.

Zur Selbstverwirklichung
gehört auch,
dass man aus sich selbst klug wird.

Was andere von uns denken,
braucht uns nicht
zu denken geben.

Ist man auf dem richtigen Weg,
kann man sich durchaus
zeitweise gehen lassen.

Manche verlieren ihr Gesicht bereits,
wenn sie sich profilieren möchten.

In einem Selbstgespräch
kann man sich viel leichter
etwas einreden.

Das Ungute an manchen Leuten
ist, dass sie sich für
etwas Besseres halten.

Wir finden nicht für alle Fragen,
die uns das Leben stellt,
im Laufe unseres Lebens
eine Antwort.

Es gibt immer irgendetwas,
was man bei einem anderen
nicht sieht oder nicht sehen will.

Die Engstirnigkeit mancher Leute
ist nahezu grenzenlos.

Die Gleichgültigkeit
ist eng verwandt
mit der Lieblosigkeit.

Der Schatten des Schweigens
ist das Verschweigen.

Die es faustdick hinter den
Ohren haben, lassen sich
meistens nur sehr schwer
übers Ohr hauen.

In einer guten Beziehung
muss nicht jedem alles passen -
Hauptsache, es passt.

Von Menschen, die glauben,
alles über uns zu wissen,
wollen wir verständlicherweise
nichts mehr wissen.

Wer seine Zufriedenheit
genießen kann, darf sich
glücklich schätzen.

Die Liebe will,
dass uns das Leben
Freude macht.

Der innere Schweinehund
ist selten lammfromm.

Manchmal tut es richtig gut,
nur das zu tun, woran uns
wirklich etwas liegt.

Verpatzte Gelegenheiten
sind irgendwie ärgerlicher
als verpasste.

Was uns an Herz gewachsen ist,
können wir nicht mehr
aus den Augen verlieren.

Die Größe eines Menschen
kann man bereits am
Umgang mit Kleinigkeiten
erkennen.

Das Nebeneinander verbindet
nur notdürftig.

Manchen Menschen
muss man etwas vormachen,
damit sie merken,
dass sie uns unterschätzen.

Bevor man über sich hinauswachsen
kann, sollte man ein gewisses Maß
an innerer Größe erreicht haben.

Die hinter uns stehen,
können uns den Rücken stärken
oder in den Rücken fallen.

In Menschen, die uns liegen,
können wir uns leichter
und besser hineinversetzen.

Die kein Rückgrat haben,
haben kein Problem damit,
anderen in den Rücken zu fallen.

Prinzip der Gegenseitigkeit:
Wer entgegenkommend ist,
kommt einfach besser an.

Jeder Tag ist eine kleine Reise,
und an manchen Tagen
kommt man ganz schon weit herum.

Wenn man merkt, dass man
mit einem Vorhaben baden geht,
ist es höchste Zeit,
das Handtuch zu werfen.

Fehler, aus denen
man lernen kann,
kann man auch verlernen.

Wenn das Nachdenken
nicht mehr weiterhilft,
muss man umdenken.

Wenn man einsieht,
dass man verloren hat,
hat man wenigstens
eine Erfahrung gewonnen.

Der Sturschädel ist eine
Spezialität der Dummköpfe.

Bei Halbwahrheiten
genügt es vollkommen,
wenn man mit einem
halben Ohr hinhört.

Nicht alle Gegensätze,
die sich anziehen,
vertragen sich miteinander.

Die uns immer recht geben,
helfen uns nur selten weiter.

Manche Menschen tun alles
dafür, dass ihre kleinen
Probleme noch eine große
Zukunft vor sich haben.

Solange uns Steine
in den Weg gelegt werden,
befinden wir uns wenigstens
nicht auf dem Holzweg.

Der wegweisende Zeigefinger
ist weitaus Ziel führender
als der erhobene.

Das Selbstverständliche
ist selbstverständlich für
jeden Menschen etwas anders.

Manchmal muss man versuchen,
auf andere Gedanken zu kommen,
um seinen Kopf nicht zu verlieren.

Die Kleidersprache
ist ein wichtiger Teil
der Körpersprache.

Man kommt mit seinen Mitmenschen
besser aus, wenn es einem nicht
aufs Rechthaben ankommt.

Für viele Menschen ist es schwieriger,
sich etwas zu denken und nicht zu sagen -
als etwas zu sagen, ohne etwas gedacht
zu haben.

Wenn es mit deinem Selbstvertrauen
bergab geht, geh einfach nicht mit!

Höhenflüge gelingen besser,
wenn man vorher Ballast abwirft.

Manche wissen nicht,
was Glück ist, weil sie mehr Glück
als Verstand haben.

Feiglinge sind auch deswegen
arm dran, weil sie oft
Fersengeld geben müssen.

Ein starkes Selbstbewusstsein
ist auch ein sehr guter Selbstschutz.

Wer Ausdauer hat,
hat bereits einen
Vorsprung im Leben.

Das Beste
an manchen Zielen
ist der Weg dorthin.

Erfahrungsmäßig
sind Neugierige von Haus aus
im Vorteil.

Missverständnisse:
Wir denken darüber nach,
aber wir leiden darunter.

Gelassenheit
mildert den Druck des Lebens.

Was man schwer ändern kann,
toleriert man leichter.

Jeder Mensch hat seine Stärken.
Aber bei vielen sind leider
die Schwächen stärker.

Wenn unsere innere Stimme
kein Gehör findet,
verstummt sie mit der Zeit.

Manchen Leuten geht nicht
einmal in der Weihnachtszeit
ein Licht auf.

Wer sich von den anderen viel erwartet,
braucht auch viel Zeit zum Warten.

Unsere Zielstrebigkeit sollte uns
nicht blind machen
für überraschend schöne Umwege.

Wer Pech hat, muss länger
auf das Glück warten.

Gewinner und Verlierer
können viel voneinander lernen.

Wenn wir aus der Gegenwart
das Beste machen, besteht Hoffnung,
dass es die Zukunft gut mit uns meint.

Zufriedenheit ist eines
der schönsten Geschenke
der Dankbarkeit.

Menschen,
mit denen man die Zeit vergisst,
vergisst man nie.

Der Verstand hätte am liebsten
für unsere Gefühle
eine Verkehrsampel.

Ein Selbstgespräch kann man
auch schweigend führen.

Auch ein böser Blick
ist eine Art Zuwendung.

Ohne einen ersten Schritt
gibt es kein Weiterkommen.

Die uns so sein lassen,
wie wir sind, meinen
es gut mit uns.

Wer viele Vorurteile hat,
denkt zu wenig nach.

Dem Ziel an sich
ist der Weg egal.

Gleichgültigkeit
ist die passivste Form
der Toleranz.

Wer nur tut,
was bei den anderen ankommt,
wird nie bei sich selber ankommen.

Manchen Leuten muss man
so gut es geht aus dem Weg gehen,
dann geht es einem besser.

Die Mehrheit
hat zweifelsohne Gewicht,
neigt aber sehr oft zu Übergewicht.

Zur Landschaft unseres Lebens
gehören auch Wüsten und Oasen.

Es gibt Vorkommnisse im Leben,
über die man nur mit sich selber
reden kann.

Weil das Wie heutzutage
wichtiger ist als das Was,
ist es wichtig zu wissen,
wer dahinter steckt.

Obwohl jeder Mensch einmalig ist,
sollten wir uns nicht für eine
Ausnahmeerscheinung halten.

Das Lieblingssprichwort
jedes Computers:
Irren ist menschlich.

Zum Lieben und Geliebtwerden
gehört auch eine gesunde
Portion Egoismus.

Ohne Dankbarkeit
ist jegliches Glück
sehr schnell ungenießbar.

Die Nächstenliebe eines Egoisten
reicht nur für ihn selbst.

Will man das Herz eines Menschen
gewinnen, muss man auch bereit sein,
sein Herz an diesen Menschen
zu verlieren.

Verändert ein Umdenken
den Lauf der Gedanken?

Vorsicht:
Was wir
auf die leichte Schulter nehmen,
kann uns leichter genommen werden.

Geradlinigkeit ist oft Grund genug,
einen Bogen um jemand zu machen.

Ein glücklicher Zufall
ist kein Zufall,
sondern ein Glücksfall.

Dankbarkeit und Zufriedenheit
gehen gerne Hand in Hand.

Wer viel buckelt,
braucht nur wenig Rückgrat.

Wenn man angepasst ist,
ist man höchstens
Mittelmaß.

Oberflächlichkeit
verschüttet den Zugang
zum eigenen Ich.

Wie es eine Gesundheit
und viele Krankheiten gibt,
gibt es auch eine Wahrheit
und viele Lügen.

Was liebeswürdige Menschen
besonders auszeichnet,
das ist ihre Herzlichkeit.

Bei Selbstgesprächen können wir uns
wenigstens halbwegs sicher sein,
dass uns jemand zuhört.

Weißt-du-noch-Freunde sollten wir
immer gebührend zu schätzen wissen.

.

Das Glück hat eine Vorliebe
für dankbare Menschen.

Manchmal gibt uns das
Ungesagte mehr zu denken
als das Ausgesprochene.

Herzlichkeit und Heiterkeit
ergeben eine unwiderstehliche
Mischung.

Das Brett vor dem Kopf
ist bei manchen Leuten
aus einem besonders
harten Holz geschnitzt.

Die auf dem hohen Ross sitzen,
erkennt man auch daran,
dass sie eine Vorliebe
für hochtrabende Worte haben
und alle von oben herab behandeln.

Die menschliche Gier
ist ein Allesfresser.

Für total angepasste Menschen
besteht eine Hälfte ihres Lebens
aus Ordnung
und die zweite aus Unterordnung.

Dankbarkeit
ist selten unberechtigt.

Selbstbewusste Menschen tun sich
mit der Selbstbeherrschung leichter.

Manche wichtige Einsicht
nimmt gelegentlich den Weg
über eine große Enttäuschung.

Um Andersdenkende
verstehen zu können, muss
man mehr als zuhören können.

Manche Versprechen
heißen zu Recht so.

Gelegentlich
gehört viel Kraft dazu,
etwas nicht zu tun.

Manche Gefühle
werden erst verständlich,
wenn man den Verstand
ausschaltet.

Das Unsagbare
lässt sich nicht verschweigen.

Die meisten Landbewohner sind dafür,
dass sie Kirche im Dorf bleibt -
allein schon aus Rücksicht
auf den Kirchenwirt.

Geteilte Zeit
kann die Freude aneinander
verdoppeln.

Jeder Moment der Freude
ist ein Augenblick des Glücks.

Zu den schönsten Ereignissen
in unserem Leben gehören
die Herzensbegegnungen.

Die Zukunft
macht uns nicht jünger.

Wer für etwas lebt,
hat einfach mehr davon.

Lebensfreude
ist ein besonders schöner Ausdruck
unserer Dankbarkeit.

Der Weg von der Zufriedenheit
zur Unzufriedenheit
ist kürzer als umgekehrt.

Das Herz kommt manchmal
auf bessere Ideen
als der Kopf.

Liebgewonnene Gewohnheiten
sind eine Art Schwerkraft.

Die mit allen Wassern gewaschen
sind, haben gelegentlich
ein brennendes Verlangen danach,
mit dem Feuer zu spielen.

Wenn wir uns hören wollen,
müssen wir still sein.

Wenn wir außer uns sind,
sind wir nicht ganz bei uns.

Manchmal muss man einfach
einiges sein lassen,
um Zeit für das wirklich Wichtige
zu haben.

Wer kein Einfühlungsvermögen hat,
ist gefühlsmäßig arm dran.

Wenn wir unseren positiven Gedanken
viel Raum geben, bleibt nur wenig
für die negativen übrig.

Es ist schwer, Gutes zu tun,
wenn es einem nicht gut geht.

Auch die Unlust
ist ein schützenswertes Gut.

Aufrechten Menschen
liegt das Sich-Verbiegen
überhaupt nicht.

Humorlosigkeit hat immer
ernsthafte Folgen.

Ist gar nicht so einfach:
sensibel zu sein,
aber nicht überempfindlich.

Manches Vorurteil
ist bloß ein Vorwand
für einen vermuteten Vorteil.

Die Stille
ist ein Wegweiser,
auf dem nichts steht.

Das Leben nimmt die
Gerechtigkeit nicht so genau,
wie wir es gern hätten.

Ein Geschenk, das wir einander
viel zu selten machen:
einander Gehör schenken.

Wer immer gefallen will,
muss sich oft erniedrigen.

Etwas leicht nehmen zu wollen,
kann auch zur Last werden.

Vieles,
dem wir nachrennen,
erwischt uns irgendwann.

Das Einmaleins der Liebe
beginnt mit zwei.

Will man etwas auf den Punkt bringen,
kann eine Zuspitzung nicht schaden.

Wer auch seinen Schwächen
etwas zutraut, braucht nicht
immer Stärke zu zeigen.

Bei manchen Menschen
hat man den Eindruck,
dass ihre Worte und ihre Taten
voneinander getrennt leben.

Wenn es im Leben
zu viele Fragezeichen gibt,
sollte man bei einigen
einen Punkt machen.

ERNST FERSTL

Geb. 1955 in Neunkirchen (Niederösterreich),
lebt mit seiner Familie in Zöbern/Bucklige Welt,
Hauptschullehrer in Krumbach.
Schreibt Aphorismen, Gedichte und Kurztexte.
www.gedanken.at
ernstferstl@aon.at

Aphorismenbände:

1995: „Kurz und fündig", Va bene-V.

1995: „einfach kompliziert einfach", Va bene-V.

1996: „Unter der Oberfläche", Va bene-V.

1998: „Heutzutage", Freya-V. // 2006, Edition Nove

2000: „Zwischenrufe" , BOD // 2004, Geest V.

2002: „Lebensspuren" , Geest-V. // 2007, Asaro V.

2004: „Durchblicke" , Freya-V.

2005: „Wegweiser" , Asaro-V.

2006: „Bemerkenswert", Asaro-V.

2007: „Denkwürdig" , Asaro-V.

2009: „Gedankenwege", Brockmeyer V.

2011: „Eindrücke", Brockmeyer V.

2012: „Zusätze", Brockmeyer V.

2013: „Zugespitzt", Brockmeyer V.

Lightning Source UK Ltd.
Milton Keynes UK
UKHW021103110520
363093UK00007B/804